ANALYSE TECHNIQUE POUR LE FOREX EXPLIQUÉE

WAYNE WALKER

© **Copyright 2017 par Wayne Walker, tous droits réservés.**

Ce livre a été rédigé dans le but de fournir des informations aussi précises et fiables que possible. Il convient de consulter des professionnels, si nécessaire, avant d'entreprendre l'une ou l'autre des actions endossées ici.

La présente déclaration est jugée équitable et valide par l'American Bar Association et la Comité de l'Association des éditeurs et est juridiquement contraignante sur tout le territoire des États-Unis.

En outre, la transmission, la duplication ou la reproduction de l'un des travaux suivants, y compris des informations précises, sera considérée comme un acte illégal, qu'elle soit effectuée sous forme électronique ou imprimée. La légalité s'étend à la création d'une copie secondaire ou tertiaire de l'œuvre ou d'une copie enregistrée et n'est autorisée qu'avec le consentement écrit exprès de l'éditeur. Tous les droits supplémentaires sont réservés.

Les informations contenues dans les pages suivantes sont généralement considérées comme un compte rendu véridique et exact des faits, et en tant que tel, toute inattention, utilisation ou mauvaise utilisation des informations en question par le lecteur rendra toute action en résultant uniquement de son ressort. Il n'existe aucun scénario dans lequel l'éditeur ou l'auteur original de ce travail peut être de quelque manière que ce soit considéré comme responsable de toute difficulté ou de tout dommage qui pourrait leur arriver après avoir entrepris les informations décrites ici.

Table des matières

INTRODUCTION 5
CHAPITRE 1 : Opérations de change 7
CHAPITRE 2 : Analyse technique pratique 19
CHAPITRE 3 : Indicateurs d'analyse technique........................... 25
CHAPITRE 4 : Analyse technique VS. Analyse fondamentale..... 33
CHAPITRE 5 : Guide du commerce rapide de l'analyse technique 39
CHAPITRE 6 : Tactiques de trading 45
CHAPITRE 7 : Passage du trading démo au trading réel 53
CHAPITRE 8 : Sélection d'un partenaire commercial 57
CONCLUSION 61
PROFIL DE L'AUTEUR.. 63

INTRODUCTION

Félicitations pour votre exemplaire personnel de l'analyse technique pour Le forex expliquée. Ce livre vous permettra de vous équiper pour commencer à utiliser l'analyse technique pour le trading du forex et exécuter les stratégies qui l'accompagnent. Nous examinerons également plusieurs indicateurs d'analyse technique qui peuvent accroître votre capacité à faire des bénéfices.

Ce livre traite principalement de l'analyse technique, mais celle-ci ne fonctionne pas en vase clos, plusieurs autres facteurs entrent en jeu lorsque vous négociez. Nous commençons par un bref examen du marché des changes puisque ce livre traite de l'analyse technique pour le marché des changes (si vous savez tout ce qu'il y a à savoir sur le marché des changes, vous pouvez sauter les premières pages et passer directement à la section sur l'analyse technique).

Les derniers chapitres explorent les tactiques de trading stratégiques que vous pouvez commencer à utiliser immédiatement, ainsi qu'une section sur la transition du trading démo au trading réel. La section sur la transition s'est avérée bénéfique pour les traders de tous types, des débutants aux plus expérimentés qui négocient depuis un certain temps. Pour ceux qui sont pressés, le Guide du Trading Rapide de l'Analyse Technique, également dans les derniers chapitres, peut vous permettre de trader presque immédiatement. Bon nombre des techniques de négociation rapide ont été utilisées par mes anciens étudiants pour remporter la Nordic Trading Compétition en Europe.

Il y a beaucoup de livres sur le marché, merci d'avoir choisi celui-ci.

CHAPITRE 1
Opérations de change

Qu'est-ce que le forex ? Ou comme beaucoup de gens l'appellent FX, c'est le marché le plus liquide du monde avec un chiffre d'affaires quotidien de plus de 4 trillions US. Maintenant, si ce chiffre est de 4,4 ou 4,5 trillions, il n'est pas si important de s'y attarder, le point à retenir est que beaucoup de gens négocient sur le forex. C'est de loin le marché le plus liquide au monde, il n'y a pas de second proche. Par exemple, un jour d'échange de devises représente environ 2 à 3 mois de volume d'échange à la bourse de New York (NYSE).

Il est négocié de gré à gré, ce qui indique qu'il n'y a pas de bourse centrale. Ce terme OTC signifie over-the-counter, ce qui implique que les paramètres, les règles de la façon dont vous négociez sont déterminés par votre contrepartie, il n'y a pas d'organisme central, il n'y a pas de centre de FX. En ce qui concerne la négociation, elle se fait 24 heures sur 24 et 5 jours sur 5, de Sydney 5 heures du matin le lundi à New York 17 heures le vendredi. Pour beaucoup de gens, cette composante de vingt-quatre heures est un avantage, car contrairement à d'autres marchés, par exemple le marché des actions, les heures de négociation ne sont généralement que de neuf à cinq, huit à quatre ou huit à cinq selon le pays. Si vous travaillez ou dirigez une entreprise, avoir la possibilité de négocier avant ou après le travail est un avantage, et c'est un autre des attraits du marché des changes pour de nombreuses personnes.

Les centres et les participants au marché des changes

En ce qui concerne la provenance du volume, la majeure partie provient de Londres, New York, Tokyo, Singapour, ainsi que de la France et de l'Allemagne qui font désormais partie de la zone euro. La Suisse, Hong Kong et l'Australie complètent le reste des principales devises. Viennent ensuite les devises exotiques, qui représentent environ 18 % du marché. C'est là que vous verrez beaucoup de ce que nous appelons les monnaies mineures et certaines des exotiques. Par exemple, la couronne danoise, la couronne suédoise, le dinar irakien, le shekel israélien font partie de ce groupe. Pour notre part, nous nous concentrerons sur le dollar américain, l'euro, la livre sterling, le yen et le franc suisse, et moins sur les devises mineures. Toutefois, il ne s'agit pas d'une règle ou d'une tentative de suggérer que vous ne devriez pas négocier ces devises mineures, car si vous êtes originaire de ces pays, si vous les avez étudiées ou si vous avez une raison quelconque de les connaître, alors vous pouvez les considérer. En dehors de ces raisons, je dirais que vous voulez vraiment vous concentrer sur les devises principales.

Les banques commerciales

Elles assurent la négociation pour leurs clients et ont également des traders pour compte propre qui spéculent avec les fonds de leur banque. Cela signifie simplement que les traders traitent réellement avec l'argent de la banque. De nombreuses personnes travaillant dans une banque portent le titre de trader, mais ce qu'elles font, c'est ce que nous appelons exécuter des transactions. Par exemple, dans une banque pour laquelle j'ai travaillé, l'une des choses que je faisais était d'exécuter des transactions en tant que membre d'une équipe d'exécution. Si un client voulait placer une transaction en appelant et en disant : "Je veux acheter dix millions d'euros", je l'achetais pour lui.

Les fonds spéculatifs sont aussi des acteurs du marché pour investir et spéculer. Toutefois, n'oubliez pas que pour avoir accès à la plupart des fonds spéculatifs, vous devez être classé comme investisseur qualifié (200 000 USD de revenus ou 1 million USD d'actifs en dehors de votre résidence principale).

La spéculation privée

Ensuite, vous avez bien sûr les traders privés, vous, moi et tous les autres. Vous aurez également des transactions quotidiennes, c'est-à-dire avec le forex physique (monnaie papier). Dans ce livre, l'analyse technique se concentrera sur ce que nous appelons le marché des changes spéculatif, c'est-à-dire sur les mouvements de prix, mais les deux marchés, le marché spéculatif et le marché physique des changes, se rencontrent au niveau des prix.

EUR / USD since 1999

(Mouvements des eurodollars depuis 1999)

Par exemple, avec l'eurodollar, lorsque l'euro est apparu, pour un euro, vous auriez reçu quatre-vingt-dix cents en 2001, donc, en termes clairs, l'euro était plus faible que le dollar à l'époque. Avance rapide jusqu'en 2008, une histoire complètement différente, l'euro était nettement plus fort que le dollar. Bien sûr, les choses peuvent changer, l'eurodollar de 2012 s'échangeait à 1,31 et en fait, il s'échange encore plus bas maintenant. C'est le change spéculatif, les mouvements de prix.

Maintenant, avec le marché physique, les mondes doivent se rencontrer. Comme on peut le voir dans le visuel ci-dessus, nous utilisons l'exemple d'une personne en Europe qui achète une maison en Floride pour illustrer la sortie de l'euro en 2001. Notre acheteur a acheté la maison au prix d'un demi-million de dollars, mais comme l'euro était plus faible que le dollar, il a dû payer une prime. Dans ce cas, il a payé cinq cent cinquante-cinq mille euros pour obtenir cette maison. En 2008, en raison de la baisse du dollar, cette même maison, qui valait plus d'un demi-million d'euros, aurait pu être achetée pour trois cent douze mille euros. La différence est énorme ! Et c'est là que, comme nous l'avons dit, le marché spéculatif des changes et le monde physique doivent se rencontrer.

Qu'est-ce qui fait réellement bouger ce marché ?

Les rumeurs, les données et les rapports économiques, les événements malheureux comme la guerre, le terrorisme, ne sont jamais agréables mais ils ont une influence sur le marché. Vous trouverez plus loin dans le livre une mini-analyse fondamentale qui vous permettra d'approfondir vos connaissances.

Pourquoi négocier des devises ?

C'est certainement la possibilité d'être long ou court, comme nous l'appelons. Long signifie que nous achetons, c'est ce que la plupart d'entre nous connaissent. Vous achetez quelque chose à un euro, vous le vendez à trois, quatre ou cinq euros. La plupart d'entre nous sont à l'aise avec cela, c'est ce sur quoi nous avons été élevés, en matière de trading. Maintenant, avec les devises étrangères, il y a le côté court. Par exemple, vous pouvez vendre un titre à cent dollars et s'il tombe à cinquante, c'est génial, vous empochez la différence de cinquante dollars.

Ensuite, il y a la corrélation relativement faible avec les autres classes d'actifs, le change est le change, personnellement et pour d'autres traders, c'est simplement une autre classe d'actifs, ce n'est pas la meilleure chose à trader, ce n'est pas la pire, c'est une autre façon d'être sur le marché. Par exemple, vous avez les autres classes d'actifs, les matières premières, l'immobilier, le papier gouvernemental ou les obligations, le forex en est simplement une autre.

(Différence entre le forex physique et le forex spéculatif)

En ce qui concerne le commerce physique, regardez notre graphique ci-dessus, à gauche vous avez un solde en espèces de mille euros, le maximum que vous pouvez effectivement sortir (exposition au marché) sur le marché est de mille euros, ceci sur le forex physique un à un, ou si vous négociez des actions physiques, c'est le même concept. Ce que nous allons traiter est à droite, le trading sur marge. Par exemple, si vous avez mille euros, vous pouvez prendre une position de cent mille euros ou plus, selon votre courtier, ce qui signifie que vous pouvez faire un profit comme si vous aviez cent mille euros et vous pouvez aussi prendre une perte comme si vous aviez cent mille euros. Évidemment, avec ce type d'effet de levier, la gestion du risque est essentielle. C'est là que les ordres à trois voies peuvent entrer en jeu pour aider à la gestion du risque.

Quelques termes de base

Devise de base : C'est votre exposition et c'est aussi la devise qui est échangée.

Devise variable : C'est la façon dont vos profits et pertes sont calculés. Par exemple, avec l'Eurodollar, la devise de base est l'euro et la variable est le dollar.

Termes de base de la bourse

- EURUSD 1.5800
  1 EUR=1.5800 USD

- The Spread(Bid-Ask)

- Bid-Ask
  1.5800-1.5802
  0.0002(2 pips)

(Eurodollar à 1,5800, signifie que pour un Euro vous recevez 1,58 Dollars)

Le spread : C'est la différence entre le prix d'achat et le prix de vente, c'est ainsi que les banques gagnent leur argent. Nous avons le prix d'offre 1.5800 sur la gauche, c'est le prix que vous recevrez quand il est temps pour vous de vendre. À droite, le cours vendeur 1,5802, c'est ce que vous devrez payer lorsque vous voudrez acheter. Dans cet exemple, nous avons un écart de deux pip et c'est ce que votre banque ou votre courtier conservera comme revenu pour lui-même.

Examen de base

Si vous êtes long, vous achetez, en étant long à cinquante, vous voulez que le prix monte à cinquante et un, cinquante-deux ou plus. Si vous êtes short, vous vendez et vous avez besoin que le prix baisse, en étant short à cinquante, vous avez besoin que le prix descende en dessous de cinquante pour faire un profit. Et si vous êtes carré, cela signifie que vous n'avez aucune exposition au marché, vos positions sont fermées. Pour fermer une position longue d'un demi-million d'eurodollars, vous devrez vendre un demi-million d'eurodollars. Cela supprimera votre exposition.

Plus de termes de base

Câble (GBPUSD) : Il s'agit de la livre sterling par rapport au dollar, un terme que vous entendrez souvent chez les traders.
Swissy (CHF) : Le franc suisse
Aussie (AUD) : Le dollar australien
Kiwi (NZD) : Le dollar néo-zélandais
Loonie (CAD) : Le dollar canadien
ZAR : Le rand sud-africain

RUB : Le rouble russe

Zloty (PLN) : Le zloty polonais

"Le chiffre" : Signifie qu'il n'y a que des zéros à la fin du prix indiqué. Dans une situation de cotation, au lieu de dire un point deux zéro zéro zéro (1.2000), dans une salle des marchés vous diriez un point deux le chiffre.

Arrêt : Indique que vos positions ont été fermées, toutes, et que vous serez dans une situation de stop out si vous n'avez pas assez de fonds pour couvrir l'exigence de marge de vos positions ouvertes.

CHAPITRE 2
Analyse technique pratique

Le point clé pour gagner de l'argent avec l'analyse technique est d'identifier la tendance et de la suivre. Les tendances vous indiquent où les prix sont le plus susceptibles de se diriger à l'avenir. Si la tendance d'une paire de devises est à la hausse, vous devez acheter la paire de devises pour gagner de l'argent. Si la tendance d'une paire de devises est à la baisse, vous devez vendre la paire de devises pour faire des bénéfices. Si la tendance d'une paire de devises est latérale, sans direction claire, vous devez soit placer des ordres contingents (pas des transactions), soit attendre qu'une tendance claire à la hausse ou à la baisse soit établie avant de négocier. Il n'est pas recommandé de lutter contre la tendance, si vous décidez de le faire, dans la plupart des cas, ce sera une expérience coûteuse pour **vous**.

Les tendances n'évoluent normalement pas directement à la hausse ou à la baisse. Elles évoluent généralement dans une direction pendant un certain temps, puis retracent temporairement une partie du mouvement précédent avant de reprendre la direction initiale. Chaque fois qu'une paire de devises retrace et commence à se déplacer dans la direction opposée, elle forme un nouveau haut ou un nouveau bas. Par exemple, avec le forex, de nouveaux sommets se forment lorsqu'une paire de devises se déplace vers le haut, puis se retourne et se déplace vers le bas. De nouveaux bas se forment lorsqu'une paire de devises se déplace vers le bas, puis se retourne et se déplace vers le haut. L'identification de ces hauts et de ces bas vous permet de déterminer si une paire de devises est dans une tendance à la hausse, à la baisse ou latérale.

Tendances haussières – Les marchés qui suivent une tendance haussière forment une série de hauts et de bas plus élevés.

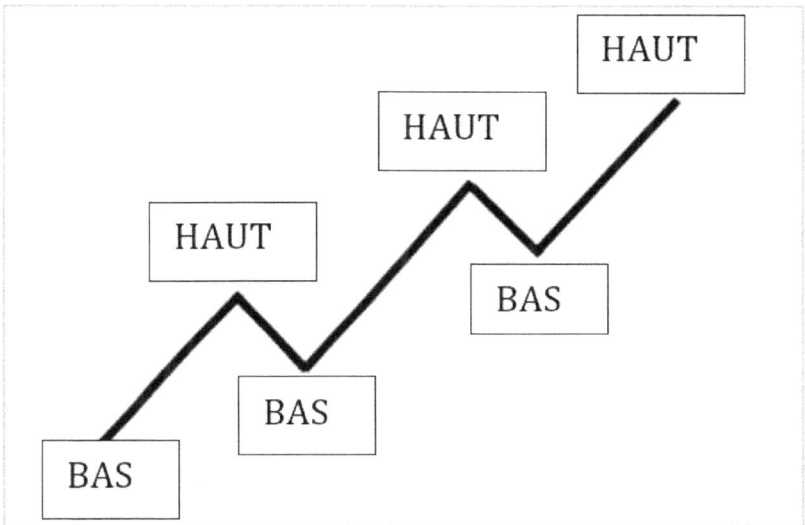

Tendances baissières – Les marchés qui suivent une tendance baissière forment une série de sommets et de creux plus bas.

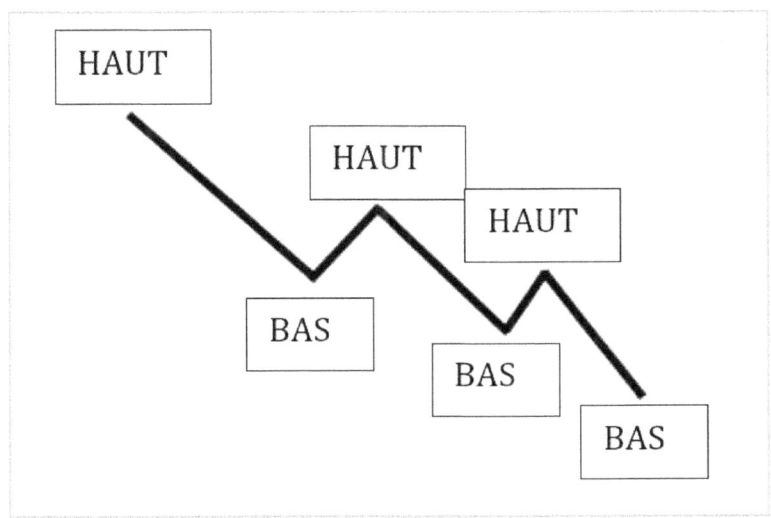

Tendances latérales – Les paires de devises qui suivent une tendance latérale forment une série de hauts qui se situent approximativement au même niveau de prix et une série de bas qui se situent approximativement au même niveau de prix.

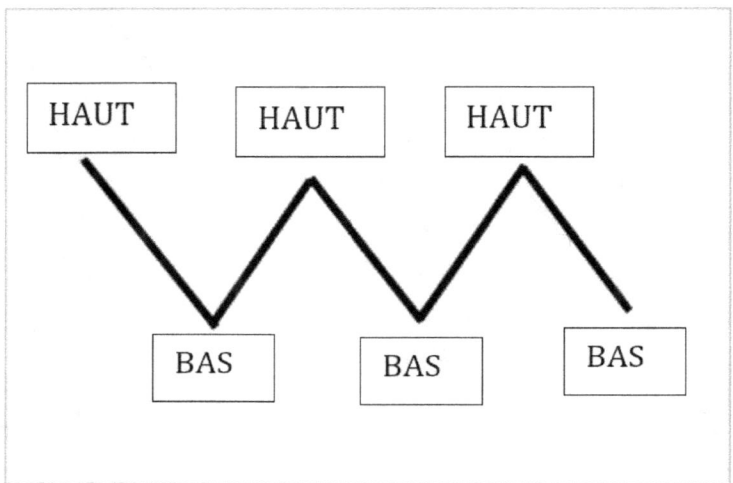

Les tendances – qu'il s'agisse de tendances haussières, baissières ou latérales – peuvent se former sur différentes périodes de temps. Identifier les tendances suivantes sur chaque cadre temporel et être capable de les aligner dans votre analyse est crucial pour votre réussite en tant que trader sur le Forex.

Définir un graphique en chandelier

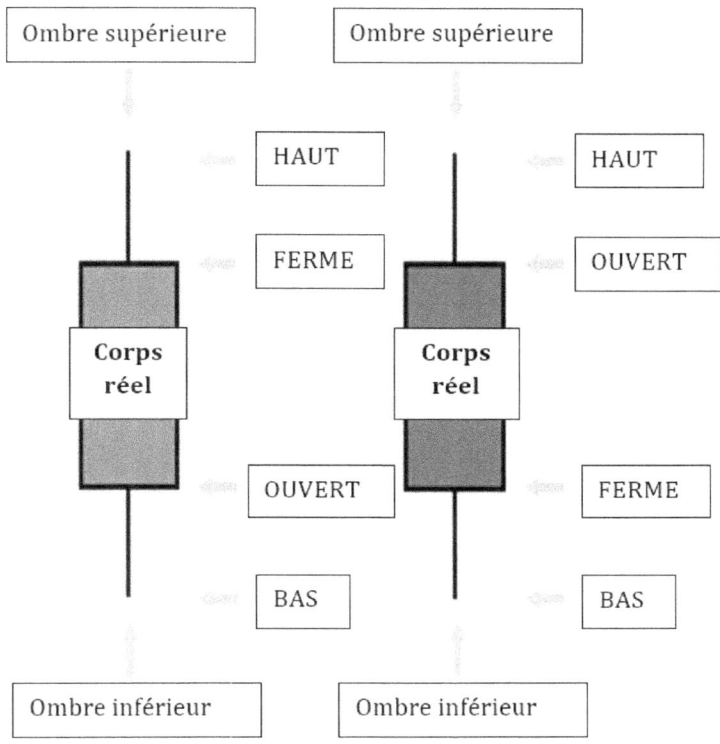

Commençons par définir un chandelier. Un chandelier est une ligne sur un graphique qui représente un point et indique le haut, le bas, l'ouverture et la fermeture pour chaque période.

Par exemple, si nous avons un graphique journalier, chaque chandelier représente un jour et indique le haut, le bas, l'ouverture et la fermeture pour ce jour. Sur de nombreuses plateformes, un chandelier rouge signifie que le prix de clôture est inférieur au prix d'ouverture pour cette période. Un chandelier vert signifie que le prix de clôture est supérieur au prix d'ouverture pour cette période.

CHAPITRE 3
Indicateurs d'analyse technique

Nous allons examiner les indicateurs Moyennes mobiles, RSI et Bandes de Bollinger.

Tout d'abord, les moyennes mobiles sont utiles car elles permettent de repérer plus facilement une tendance. C'est essentiel dans le domaine du change ou de certains autres produits dérivés, où un marché haussier est bon et un marché baissier l'est également. Par conséquent, tout ce que nous devons faire est d'identifier ou de repérer cette tendance. Pour illustrer, une moyenne mobile sur cinquante jours additionne les prix de clôture des cinquante derniers jours, divise par cinquante et trace un point sur le graphique pour chaque jour.

Graphique des moyennes mobiles :

Examinons quelques paramètres de base avec l'indicateur de moyenne mobile. Si nous avons des paramètres (sur le graphique ci-dessus) de MA dix, MA cinquante, alors dix est le court terme, cinquante est le long terme. La moyenne mobile la plus courte, si elle est au-dessus de la plus longue, la tendance est considérée comme ascendante. Si la moyenne mobile la plus courte est inférieure à la moyenne mobile la plus longue, alors la tendance est considérée comme étant à la baisse. Sur un graphique, si vous voyez que la dix est en train de casser sous la cinquante, le long terme dans cet exemple, cela pourrait être considéré comme le signe initial d'un signal de vente.

Avec les moyennes mobiles, les signaux d'achat et de vente sont générés par le passage du prix au-dessus ou au-dessous de la ligne de la moyenne mobile. Il existe un terme que vous entendrez souvent si vous fréquentez les spécialistes de l'analyse technique, il s'agit du golden cross, qui signifie que le court terme dépasse le long terme. L'exemple que nous avons est dix et cinquante, mais cela aurait pu être vingt et trente, quinze et dix-sept, cela dépend du trader et de l'instrument qu'il négocie.

Indice de force relative

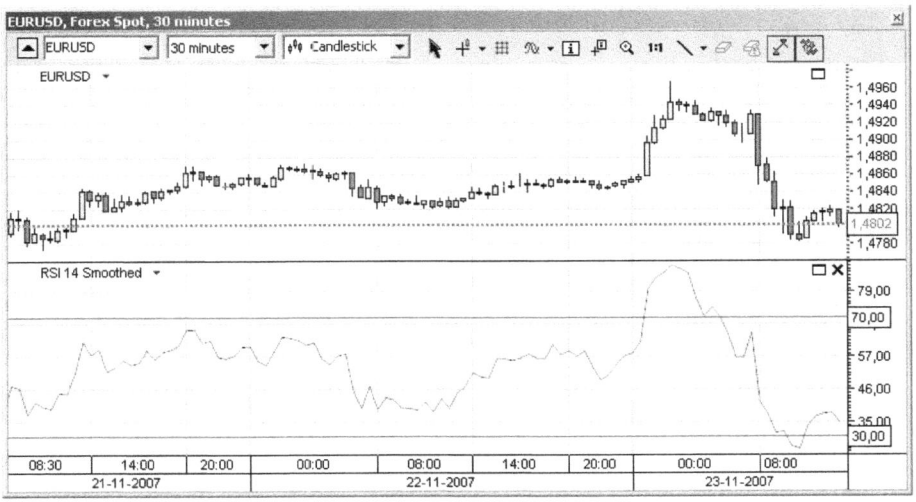

Le graphique RSI est visible sous le graphique EURUSD.

Le RSI, qui est l'indice de force relative, est utilisé pour identifier si le marché (action, paire de devises, etc.) est suracheté ou survendu. Il a un indice allant de zéro à cent. Le RSI correspond plus ou moins à ce qui se passe sur le graphique, et il le devrait. Des lectures inférieures à trente indiquent que le marché est peut-être survendu et lorsque vous voyez ou entendez le terme survendu, cela signifie une vente excessive. Des lectures supérieures à soixante-dix indiquent que le marché est peut-être suracheté et que les achats sont excessifs. Gardez à l'esprit que ce sont des indications, elles ne garantissent rien. À noter que le marché peut rester suracheté ou survendu pendant une période de temps considérable. Le RSI est un indicateur avancé, il commence à donner des signaux avant que la tendance n'ait commencé.

Bandes de Bollinger

Les bandes de Bollinger sont un outil que de nombreux investisseurs et traders utilisent lorsqu'ils souhaitent ajouter différents aspects d'analyse technique aux transactions qu'ils ont ouvertes. Elles sont utilisées pour mesurer la volatilité du marché. Les bandes définissent les limites supérieures et inférieures de la fourchette de négociation. Lorsque vous visualisez les bandes sur un graphique (illustré ci-dessus), vous avez une bande supérieure et une bande inférieure, l'espace entre le haut et le bas, beaucoup de gens l'appellent le canal d'achat et de vente. Vous utilisez l'espace entre les bandes pour avoir une idée de votre position dans la fourchette de négociation. Si vous êtes près du sommet, vous savez que vous êtes proche du niveau de résistance et qu'il existe un potentiel de retournement de prix (le marché change de direction). Si vous vous trouvez dans le bas de la fourchette, vous savez que vous êtes proche du niveau de soutien et qu'il existe un potentiel de renversement de tendance. La plupart du temps, les prix restent entre les bandes. Si le prix commence à sortir, les gens le prennent comme un signal et vous devez donc en être conscient.

Comprendre les niveaux de soutien et de résistance

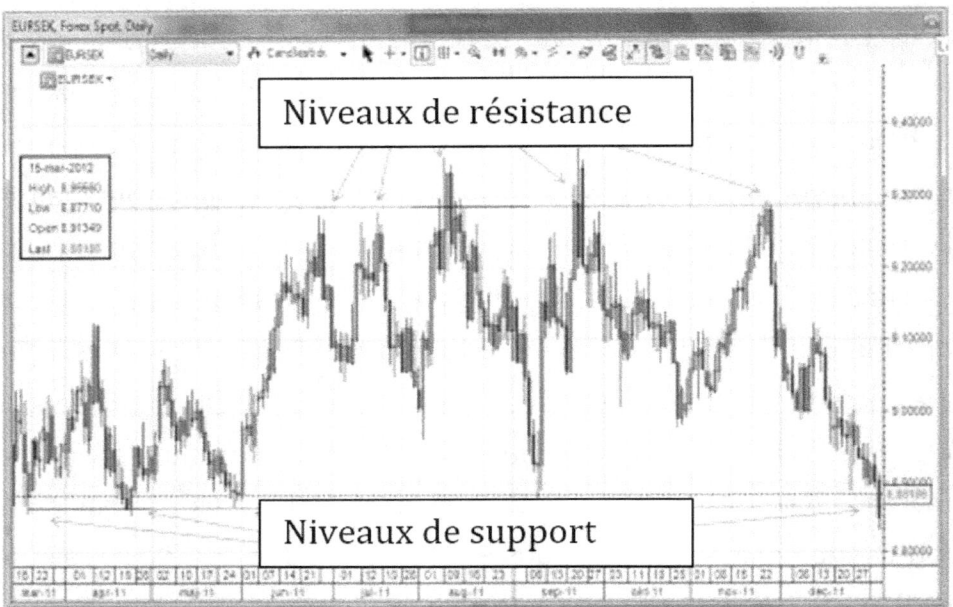

Le niveau de support est le niveau de prix auquel l'instrument négocié a historiquement eu des difficultés à descendre. Par exemple, si nous avons un support autour de 1,4380, vous pourrez voir sur un graphique que le marché a atteint ce niveau (1,4380) plusieurs fois sans tomber plus bas, donc dans le jargon de l'analyse technique, cela serait considéré comme un niveau de support.

Le niveau de résistance est tout le contraire, c'est-à-dire le niveau de prix auquel l'instrument a historiquement eu du mal à se négocier au-dessus.

Modèles graphiques "W" double fond ou "M" double sommet

Graphiques dans lesquels le prix côté de l'instrument sous-jacent évolue selon un schéma similaire à la lettre "W" (double fond) ou "M" (double sommet). Les analyses double sommet et double fond sont utilisées dans l'analyse technique pour expliquer les mouvements d'un titre ou d'autres investissements, et peuvent être utilisées dans le cadre d'une stratégie de trading pour exploiter des modèles récurrents. Un double sommet et un double fond sont tous deux des modèles de renversement de tendance.

Un double fond a tendance à se produire après une forte tendance à la baisse et indique qu'une tendance à la hausse est peut-être imminente. Les "fond" sont des vallées qui se forment lorsque le prix atteint un certain niveau de soutien qui ne peut être brisé. Après avoir atteint ce niveau, le prix rebondit légèrement avant de revenir tester le niveau à nouveau. Si le prix rebondit une deuxième fois sur le support, il y a formation d'un double fond. Si le deuxième fond ne peut pas casser le plus bas du premier, c'est un signal fort qu'un renversement va se produire. Une "ligne de cou" est tracée au sommet entre les deux "creux". Dans le cas d'un double fond, vous pouvez envisager de placer votre ordre d'achat au-dessus de la "ligne de cou" car vous vous attendez à un changement de tendance à la hausse.

Un double sommet se forme généralement après une tendance haussière prolongée, et il indique qu'une tendance baissière pourrait être imminente. Les "sommets" sont des sommets qui se forment lorsque le prix atteint un certain niveau de résistance qui ne peut être brisé. Après avoir atteint ce niveau, le prix rebondit légèrement, mais revient ensuite pour tester à nouveau ce niveau. Si le prix rebondit à nouveau sur ce niveau, vous avez alors un double sommet. Si le deuxième sommet ne peut pas dépasser le sommet du premier sommet, c'est un signal fort qu'un renversement va se produire. Une "ligne de cou" est tracée au niveau le plus bas entre les deux "sommets".

Dans le cas d'un double sommet, vous pouvez envisager de placer votre ordre d'entrée à découvert sous la "ligne de cou", car vous vous attendez à un changement de tendance à la baisse.

CHAPITRE 4
Analyse technique
VS. Analyse fondamentale

Nous allons maintenant examiner la différence entre l'analyse technique et l'analyse fondamentale. C'est un sujet qui a fait l'objet de nombreux débats, notamment parmi les traders. Vous aurez les fans de l'analyse technique dans un coin, puis vous aurez les fans de l'analyse fondamentale dans un autre et tout le monde se bat pour savoir quelle méthode est la meilleure. Examinons-les en fonction de leurs mérites respectifs.

L'analyse technique signifie que vous utilisez des indicateurs d'analyse technique, par exemple les moyennes mobiles, qui vous aident à identifier la tendance, et peut-être un autre des indicateurs, par exemple le RSI (Relative Strength Index) pour voir si le marché est suracheté ou survendu.

L'analyse fondamentale, c'est quand vous prenez en considération, par exemple, si vous regardez le marché boursier, les directeurs qui négocient, la part de marché de l'entreprise, ce qu'il y a dans le pipeline de produits, le ratio P/E, etc. Ces domaines sont pertinents lorsque vous cherchez à investir dans des actions. Ceux que nous appelons les traders fondamentaux s'en tiennent essentiellement à ce type d'analyse et affirment que c'est la meilleure façon de prendre une décision commerciale. Mon point de vue et celui de mes collègues à ce sujet est que cela dépend vraiment. Quand je dis que cela dépend, je veux dire de votre horizon temporel.

Disons que vous êtes un trader de jour, les traders de jour ouvrent et ferment leurs ordres ou leurs transactions le même jour. Ou vous pouvez aller à l'extrême, ce que l'on appelle le scalping, et parmi les scalpers, vous trouverez également des personnes classées comme scalpers extrêmes, qui auront des positions ouvertes d'une ou deux secondes à peut-être une minute. Et avec ces traders, quand ils sont dans ce type de trading agressif, l'utilisation de l'analyse fondamentale sur la part de marché de l'entreprise et le développement du produit, ne les aidera pas vraiment parce que le cadre temporel n'est que de quelques secondes. Mais si nous passons à l'autre côté, et que vous êtes dans ce cadre temporel d'investissement, pour moi, l'investissement comprendrait les investisseurs qui préfèrent tenir des positions ou prendre une transaction qui durera entre un an et deux, trois, voire cinq ans. Si vous investissez, il n'est donc pas judicieux de prêter attention aux graphiques d'une minute qui changent rapidement ou à d'autres outils d'analyse technique à court terme, car ils ne sont pas vraiment applicables. En réalité, il n'y a pas de concurrence entre l'analyse technique et l'analyse fondamentale, ce que je dis, c'est que cela se résume à votre horizon temporel. Une fois que vous aurez déterminé votre horizon temporel, vous utiliserez les outils appropriés. Si vous avez l'intention de faire du trading à court terme, votre outil principal sera l'analyse technique, mais si vous avez un horizon temporel plus long, vous vous tournerez davantage vers l'analyse fondamentale, car avec cet horizon temporel plus long, vous aurez besoin de plus de données.

Calendrier économique (une mise en bouche de l'analyse fondamentale)

Nous jetterons un coup d'œil rapide aux rapports de marché qui comptent le plus. Banques centrales, IPC, emplois non agricoles, mises en chantier.

Banques centrales : Nous avons le FOMC, la BOE, la BCE. Le marché accorde une attention toute particulière à ces réunions, principalement par le biais de la Réserve fédérale et de son Comité fédéral de l'open market (FOMC). Évidemment, la Banque d'Angleterre-BOE, la Banque centrale européenne-BCE, sont également des rapports et des réunions très importants auxquels nous prêtons attention. Ils se réunissent une fois par mois pour déterminer la politique monétaire de leur monnaie particulière. Dernièrement, l'attention s'est portée sur la Banque populaire de Chine, car il est évident que cette banque a désormais une grande influence sur les marchés financiers.

Pourquoi devrions-nous nous en soucier ? Les changements de ces taux d'intérêt affecteront tout, des financements aux obligations, en passant par le marché boursier, mais la clé de ces rapports ou de tout autre rapport économique est de savoir si ces décisions sont prises différemment de ce que le marché attendait. Ainsi, par exemple, si l'on s'attendait à une réduction de 25 points de base du taux d'intérêt et qu'au moment de l'annonce, il s'agit d'une réduction de 25 points de base, vous pourriez voir certains mouvements du marché, mais rien d'aussi spectaculaire ne devrait se produire, car cette réduction était déjà prévue par le marché. S'il s'avère que nous attendons une réduction de 25 points de base et que nous en obtenons 50, ce qui est sensiblement différent, il y a de fortes chances que vous voyiez quelques feux d'artifice sur le marché.

L'IPC : L'indice des prix à la consommation est une mesure du prix moyen d'un panier fixe de biens et de services. En d'autres termes, nous examinons le taux d'inflation. Pourquoi s'y intéresser ? Aux États-Unis, il s'agit certainement de l'un des indicateurs d'inflation les plus surveillés. En dehors des États-Unis, que ce soit en Europe, en Asie ou ailleurs, l'IPC est suivi de très près par le marché et influence la fixation des taux d'intérêt sur les prêts, les hypothèques, les obligations, etc.

Emplois non agricoles : L'un des rapports les plus importants pour les traders. Il indique le nombre d'employés travaillant dans les entreprises américaines. Il s'agit d'emplois non agricoles, donc non agricoles. Pourquoi cela nous intéresse-t-il ? Il donne une image complète du nombre de personnes qui travaillent, recherchent un emploi, combien elles gagnent, en fait un instantané du marché du travail aux États-Unis.

Mises en chantier de logements : Mesure la construction initiale de maisons unifamiliales et multifamiliales chaque mois. Pourquoi cela nous intéresse-t-il ? En deux mots, l'effet d'entraînement ! Le marché prête attention aux mises en chantier, que ce soit aux États-Unis ou ailleurs, en raison de cet effet d'entraînement. Construire des maisons, 10, 20 maisons, un complexe d'appartements, cela se répercute sur l'économie. Vous en verrez des exemples avec l'emploi de personnes pour construire les maisons, les meubles pour ces maisons, les services publics, et même avec le commerce parce que les matériaux doivent être importés pour construire ces maisons. Il est clair que ces répercussions sont perceptibles et les économistes accordent une attention toute particulière aux chiffres de mise en chantier.

CHAPITRE 5
Guide du commerce rapide
de l'analyse technique

Graphique Time Frame

Le cadre temporel, le facteur le plus critique d'une décision de trading. La décision d'acheter ou de vendre commence toujours par le cadre temporel. Un signal d'achat ou de vente pour un trader de jour est différent de celui d'un swing trader et, dans la plupart des cas, extrêmement différent de celui d'un trader/investisseur à long terme. Les exemples que nous allons utiliser sont basés sur des périodes de trading à court terme/jour.

Le trading de jour- Clôture des positions dans les 24 heures

Le trading en swing - Maintenir des positions ouvertes de quelques heures à quelques jours maximum.

Pour les traders à court terme, un graphique d'une heure permet d'obtenir une vue d'ensemble du marché, puis de prendre la décision de trader à partir d'un graphique de 30 ou 15 minutes. Plus votre horizon de négociation est court, plus votre cadre graphique est court.

Conseil : L'un des nombreux avantages dont vous bénéficierez en utilisant plusieurs horizons temporels dans vos transactions est que vous verrez le marché des changes du point de vue de nombreux types de traders différents. En regardant à la fois les graphiques à court et à long terme, vous serez conscient de ce que les traders à court et à long terme observent. Cela vous aidera à ne pas être pris au dépourvu par des mouvements de prix soudains.

Lorsque vous utilisez les paramètres ci-dessus, il est recommandé de créer des graphiques des différents horizons temporels et de les laisser ouverts sur votre plateforme de trading. Cela vous permettra de trader plus efficacement.

Cadre temporel et votre position dans le canal d'achat et de vente

Une fois l'horizon temporel défini, vous devez vous situer dans le canal d'achat-vente (le canal d'achat-vente est la zone située entre les bandes hautes et basses des bandes de Bollinger). Si vous êtes près du sommet du canal, cela indique que vous êtes proche d'un niveau de retournement potentiel (où le marché se retourne), par exemple, s'il est à la hausse, il se dirige soudainement vers la baisse. Si vous êtes au bas du canal et que le marché remonte, c'est également un niveau de retournement.

Que faire aux niveaux de retournement

C'est ici que le trading devient un peu délicat. Ce n'est pas parce que nous nous trouvons à un niveau de retournement ou près de celui-ci que cela garantit un retournement. Nous pourrions aussi avoir un décloisonnement (le marché passant au-dessus ou au-dessous de niveaux de résistance ou de soutien connus). Un conseil pour savoir ce qu'il faut faire ensuite, est de simplement examiner le graphique pour les mouvements passés du marché (à la hausse ou à la baisse) au niveau de prix que vous regardez. Il s'agit de voir ce qui s'est passé sur le marché la dernière fois que le prix était là. C'est important car la "personne" centrale ici est le marché, pas vous). Par exemple, si le marché s'est dirigé vers le bas, il y a de fortes chances qu'il le fasse à nouveau. Cependant, ce n'est PAS une garantie, et vous devez également être attentif aux données fondamentales (bulletin d'informations, données économiques) car elles peuvent tout remettre en cause par rapport au résultat de la dernière fois.

Si vous n'avez pas encore de position ouverte et que le marché se trouve à un niveau de retournement potentiel, une façon de le négocier est de placer un ordre d'achat au-dessus du niveau de retournement. Par conséquent, si le marché fait un breakout, vous êtes dedans. L'ordre d'achat fait également partie de votre gestion du risque car il n'y a de l'argent sur la table que s'il est exécuté et devient une transaction.

Après avoir déterminé où vous vous trouvez dans le canal d'achat-vente, vous devez maintenant prêter attention au RSI et à ce qu'il vous dit. Vous devez avoir une correspondance entre cela et l'exécution de votre transaction. Si le RSI est à des niveaux de surachat et que vous êtes proche des niveaux de renversement sur les bandes de Bollinger, c'est le signe d'une bonne opportunité de vente potentielle.

Signaux d'achat idéaux

Idéalement, lors d'un signal d'achat, vous souhaitez que votre RSI se dirige vers le haut à partir ou à proximité des niveaux 30-40, ce qui laisse une bonne marge de manœuvre/opportunité de se diriger vers le haut. Dans le même temps, vous souhaitez également que le marché soit situé/se négocie près du bas du canal des bandes de Bollinger.

Enfin, si vous utilisez des graphiques en bâton de bougie, vous voudrez qu'ils soient verts (fermeture des prix à la hausse). Comme vous pouvez le constater, nous avons besoin de voir les mêmes données (en haut) avec nos outils. L'observation de bâtons de bougie rouges (les prix clôturant à la baisse) et de niveaux RSI surachetés (achats excessifs) constitue un signal contradictoire. Cela vous dit de "rester à l'écart"... ne pas trader jusqu'à ce que les choses soient plus claires.

Signaux de vente idéaux

Un signal de vente idéal est simplement le contraire de ce qui précède. En d'autres termes, votre RSI se dirigera vers le bas à partir des niveaux 70-80. Dans le même temps, vous souhaitez également que le marché soit situé/se négocie près du haut du canal des bandes de Bollinger. Enfin, si vous utilisez des graphiques en bâtons de bougie, vous voudrez qu'ils soient rouges (fermeture des prix à la baisse).

Conclusion

Idéalement, vous souhaitez exécuter une transaction lorsque les choses sont aussi proches que possible de l'idéal. Lorsque vous êtes confronté à des zones grises/indécises, je vous suggère d'utiliser des ordres stop d'achat ou de vente. Les ordres ne sont PAS des transactions, donc aucun argent n'est risqué tant qu'ils ne sont pas exécutés. Ces ordres seront placés près des niveaux idéaux à partir desquels vous cherchez à négocier. Comme je l'ai souligné à plusieurs reprises, scénario de transaction idéal ou non, vous devez toujours placer un ordre stop. Malheureusement, même la meilleure recherche au monde ne garantit pas une transaction rentable.

Paramètres des indicateurs d'analyse technique

RSI

En ce qui concerne le RSI, la valeur par défaut de 14 convient à la plupart des opérations sur devises, CFD et actions. Cependant, pour les transactions à court terme, le day trading ou le swing trading, 14 n'est pas optimal. Je suggère 7 pour le swing trading et jusqu'à 4 pour le day trading.

Bandes de Bollinger

Les paramètres par défaut (20:2) semblent fonctionner au mieux pour la plupart des traders et je vous suggère de conserver ce paramètre.

Moyennes mobiles

Nous utilisons 50, 100, 200. Le 50 est le signal d'alerte, le 100 le court terme et le 200 le long terme.

# CHAPITRE 6
Tactiques de trading

Examinons les cinq principales raisons des pertes des traders :

1. Des attentes irréalistes. Par exemple, vous avez mille euros sur votre compte et vous espérez en avoir deux mille en un jour, voire à la fin de la semaine.

2. Pas de plan, comme le disent certains, "ne pas planifier, c'est prévoir d'échouer". D'après mon expérience, de plus j'ai parlé à de nombreux nouveaux traders dans le passé et ce que j'ai entendu après leur avoir demandé, "pourquoi avez-vous placé ce trade ?" en surprendrait plus d'un. J'ai entendu "aucune idée", ou marmonner qu'un membre de la famille avait dit que c'était une bonne chose à faire, pas exactement la meilleure stratégie.

3. Un risque trop élevé, ce qui implique généralement l'utilisation de l'effet de levier maximum disponible.

4. Confondre le trading et l'investissement, deux choses complètement différentes, le trading est plus axé sur l'analyse technique, l'investissement s'appuie davantage sur les principes de l'analyse fondamentale. Par exemple, dans le cas d'un investissement, vous avez un horizon temporel de trois à cinq ans, et les questions fondamentales sont clairement plus importantes. Si vous faites du trading et que la durée de détention est de quelques minutes, voire cinq, l'analyse technique sera le moteur de votre analyse.

5. Sur- et sous-négociation : nous y reviendrons un peu plus tard.

Quelques solutions

L'utilisation d'un faible effet de levier est essentielle car elle permet de s'assurer qu'une mauvaise journée de trading n'anéantisse pas tous vos bénéfices. Ensuite, vous devez observer la règle d'or des traders, "pas d'argent, pas de trading", il n'y a pas beaucoup de façons de tourner cela, s'il n'y a pas d'argent, il n'y a pas de trading, donc vous voulez garder votre argent. Ensuite, il y a la mise à l'échelle vers l'extérieur, où vous laissez le marché vous parler. Oui, avant toute transaction, vous ferez votre analyse mais après avoir fait votre analyse, vous laissez le marché vous parler. Cela signifie que si vous achetez à 100 et que le marché tombe à 90, il vous dit quelque chose, vous devez réduire votre exposition. Si vous achetez à cent et qu'il monte à cent dix, cent vingt, cela vous dit aussi quelque chose, vous pouvez maintenant envisager une exposition supplémentaire au marché.

En matière de change, sélectionnez quelques paires et apprenez à bien les connaître. Il n'est pas nécessaire d'être un expert sur vingt paires ou quinze, l'essentiel reste l'essentiel, à savoir gagner de l'argent. Ce n'est pas une compétition sur le nombre de paires que vous connaissez, même si vous faites du trading électronique ou algo, dans de nombreux cas, il est toujours assez spécifique que vous vous concentriez sur cinq ou six paires différentes et pas beaucoup plus que cela.

Beaucoup de gens demandent quelles sont les bonnes paires pour le trading et je suggère que l'Eurodollar, le Dollaryen, le Cable, le Dollarswiss sont de bons points de départ. Avec ces paires, il ne serait pas exceptionnel de voir un mouvement de cent pips ou plus. L'un des principaux points du trading est que vous avez besoin et que vous voulez voir des mouvements. Si vous avez placé une transaction et que rien ne se passe, alors que vous avez déjà payé l'écart, vous avez fait un cadeau à votre courtier ou à votre banque, vous voulez donc aller là où l'action se trouve. Parmi les paires mentionnées, lorsque vous essayez de choisir la meilleure, vous voulez vérifier les spreads et il est clair que celles qui ont les spreads les plus serrés, c'est-à-dire vos coûts de transaction, auront un avantage. Il s'agit d'un principe de base : plus le coût de transaction est faible, plus il est facile de gagner de l'argent. Il n'y a pas beaucoup de moyens de contourner ce principe, mais vous devez vous concentrer sur les paires qui coûtent le moins cher à négocier.

Dans les CFD et les actions, les mises à jour des entreprises et les avertissements sur les bénéfices sont de bonnes occasions de réaliser des profits rapides. Les prix ont tendance à aller dans le sens de l'annonce. Par exemple, si votre société préférée n'est pas en mesure d'atteindre son estimation de bénéfices trimestriels, il y a de fortes chances que l'action chute et vous pouvez envisager d'ouvrir une position courte.

Lorsque vous négociez, les gagnants et les perdants se révèlent assez rapidement et vous voulez éliminer les perdants dès que possible. Votre arrêt de perte avec le forex est généralement de quinze, vingt ou vingt-cinq pips en fonction de votre profil de risque. Pour être très clair sur ce point, je fais référence au trading, pas à l'investissement. Si vous ouvrez une position d'investissement sur trois ou cinq ans, alors oui, si vous ne gagnez pas d'argent le premier jour où la première semaine, il n'y a pas de quoi paniquer, mais si vous négociez avec un horizon temporel d'une minute, cinq minutes, un jour, alors c'est une autre histoire. Avec le trading, vous voulez éliminer les perdants dès que possible.

Ensuite, vous devez avoir un plan d'échange, avec vos niveaux d'arrêt, vos niveaux de profit, les montants corrects et les paires définies. Cela peut sembler basique, mais si vous essayez de négocier l'eurodollar, vous devez vraiment négocier l'eurodollar. Le terme est appelé " doigts gras ", ce qui se produit malheureusement quotidiennement : vous voulez négocier l'eurodollar, vous tapez l'euroyen ; vous voulez négocier British Airways, vous tapez British Aerospace ; cela se produit bien trop souvent. En gardant cela à l'esprit, restez vigilant lors de vos transactions afin que la bonne chose soit tapée lors de l'exécution.

Trading d'actualités

Le trading d'actualité, c'est une opportunité où vous pouvez trader sans faire attention à personne. Un petit danger, le slippage, qui peut anéantir tous vos bénéfices. Le slippage signifie simplement que vous achetez à cent et que vous avez un stop loss à quatre-vingt-dix, au lieu de sortir à quatre-vingt-dix, cela pourrait être quatre-vingt-cinq, quatre-vingts ou moins.

Pour mettre en place une transaction sur les nouvelles, environ une demi-heure avant l'événement, vous devez utiliser des paramètres graphiques relativement serrés (15 min à 30 min) car il s'agit d'un trading agressif. Pour votre entrée, placez un ordre stop d'achat quelques pips au-dessus du niveau où nous nous trouvons (à ce moment-là). Quelques pips en dessous, placez un ordre stop de vente. Vous pouvez également utiliser les niveaux de résistance et de support comme guide, en fonction de votre profil de risque, vous pouvez simplement placer un ordre stop d'achat vingt pips au-dessus et un ordre stop de vente vingt pips au-dessous.

Le point de sortie correspond généralement à la taille de la fourchette. Par exemple, si la fourchette est de trente pips, vous pouvez l'utiliser comme prise de bénéfices initiale ou ordre limite. Certains traders utilisent simplement, s'ils sont longs, un ordre stop de vingt pips et prennent ensuite leurs bénéfices à cent, cent vingt pips, en fonction de l'exposition au risque et du profil de la personne. Si vous êtes en position et que vous réalisez des bénéfices, vous n'avez pas besoin de tout prendre d'un coup, vous pouvez vous retirer progressivement.

Solutions : Les sous-commerçants et les sur-commerçants

Revenons à nos sous-négociants et sur-négociants. Les sur-opérateurs ne savent pas quand s'arrêter, ils essaient de tout retirer du marché. Les sous-négociants respectent la règle des 2 % mais s'arrêtent dès qu'ils ont un petit bénéfice. En lisant entre les lignes, on voit essentiellement la cupidité et la peur. La règle des 2 %, soit dit en passant, stipule que vous ne devez pas risquer plus de 2 % du solde de votre compte sur une seule transaction. Ici, vous pouvez jouer un peu avec, 3 %, 4 %, peut-être même jusqu'à 5 %, c'est bien, mais au-delà, vous sortez de la ligne directrice. L'intérêt de tout cela est que lorsque vous utilisez ces 2, 3 ou 4 %, vous rendez l'échec possible. En d'autres termes, vous pouvez vous tromper souvent et continuer à négocier.

Quelques solutions au sur- et au sous-échanges : vous fixez un objectif de profit quotidien, le sur-échangiste s'arrête une fois qu'il l'a atteint, le sous-échangiste doit continuer, et puis évidemment tout le monde s'arrête une fois que la limite de perte quotidienne est atteinte, pas de négociations. Enfin, si les données de votre analyse technique ou fondamentale ne sont pas claires ou, comme je l'appelle, désordonnées, vous avez le droit de ne pas négocier.

CHAPITRE 7
Passage du trading démo au trading réel

C'est un sujet qui préoccupe et intéresse beaucoup de mes étudiants et je dirais même beaucoup de traders démo en général. Comment passer d'une situation où vous avez un compte de démonstration à un compte financé, où vous avez effectivement placé de l'argent sur le compte.

Il y a quelques étapes : Tout d'abord, vous devez travailler avec ce que j'appelle un solde de compte réaliste. Cela signifie que si vous envisagez de commencer à trader avec cinq mille euros, deux mille euros ou dix mille euros, le montant n'est pas si important, ce qui est essentiel et important, c'est qu'il corresponde à votre solde d'ouverture prévu. Si vous prévoyez de commencer avec cinq mille euros, votre solde de démonstration doit correspondre à ce montant.

Ce que j'ai personnellement vu dans le passé avec les nouveaux traders, c'est qu'ils ont fait l'expérience de la démo en utilisant le solde de démo par défaut sur de nombreuses plateformes. Ces soldes se situent généralement entre cent mille euros et deux cent mille euros, et la personne fait beaucoup de trading de démonstration sur cent mille, deux cent mille, puis elle ouvre un compte avec dix mille euros, peut-être vingt mille euros ou cinq mille euros. Il n'y a rien de mal avec ces montants, car évidemment dix mille, même cinq mille euros, c'est de l'argent, c'est quelque chose, mais le défi auquel ils sont confrontés est qu'ils n'ont jamais pratiqué sur ces montants. Ils utilisaient les valeurs par défaut de cent mille, deux cent mille et ils n'ont pas intériorisé cela. Par intérioriser, je veux dire que lorsque vous tradez, vous devez savoir ce que cela fait de gagner ou de perdre sur le solde d'ouverture prévu. Qu'il s'agisse de cinq mille ou de dix mille, vous devez en faire l'expérience mentalement et, d'une certaine manière, physiquement dans votre corps, en négociant sur le solde. Une fois que vous êtes passé par là, quand il est temps de passer à un compte réel, je vous promets que vous ne serez pas en mesure de faire la différence. C'est parce que vous vous êtes exercé sur ce montant avec des gains et des pertes et que vous savez comment vous vous sentez, de sorte que lorsque vous passez au compte réel, vous vous dites "wow ! le compte réel ressemble beaucoup à ce que vous avez fait sur le compte démo, ce qui est le but.

L'étape suivante consiste à utiliser des tailles de transaction réalistes ou prévues. Si vous avez un solde d'ouverture de cinq mille, dix mille euros, alors la taille des positions doit être de cinquante mille, cent mille, peut-être deux cents mille. Ces montants sont réalistes pour ces soldes afin d'éviter de placer des transactions de dix millions, vingt millions, alors que vous savez que ce n'est pas quelque chose que vous ferez normalement. Bien sûr, si vous êtes dans cette situation, alors vous pouvez avoir des transactions de cinq et dix millions, mais ce n'est pas vraiment la norme pour les nouveaux traders.

Pour achever la transition vers un compte financé, vous devez évidemment avoir un plus constant sur le solde de votre compte démo. Lorsque vous tradez, vous n'avez pas besoin de gagner de l'argent tous les jours, mais à la fin de la semaine ou en général, vous devriez finir dans le noir, dans le plus, que vous gagnez de l'argent. Si vous ne gagnez pas d'argent en trading de démonstration, cela signifie que vous devez continuer à faire du trading de démonstration.

Pour récapituler, tout d'abord, et je dirais que c'est de loin le plus important, vous devez avoir un solde de compte réaliste, afin de savoir comment vous réagirez mentalement et physiquement aux gains ou aux pertes, des tailles de transaction réalistes, et vous devez réaliser un profit constant sur votre compte.

CHAPITRE 8
Sélection d'un partenaire commercial

Que recherchez-vous lorsque vous envisagez d'ouvrir un compte de trading financé ? Tout d'abord, une plateforme fiable, pour moi, fiable signifie que lorsqu'il est temps de trader, la plateforme fonctionne, ce qui signifie également que vous pouvez obtenir des prix (négociables) qui vous permettent d'acheter et de vendre facilement. Si vous traitez avec un courtier dont la plateforme est en panne plus de deux fois par an, vous devez absolument envisager d'en changer. Il ne faut pas qu'elle soit en panne plus d'une fois par an, car la plupart des plateformes fonctionnent en permanence.

La prochaine chose que vous voulez regarder est ce que j'appelle une bonne liquidité sur les chiffres. Lorsque je parle de "chiffres", je fais référence au fait que vous cherchez à faire du news trading sur les rapports sur l'emploi, les taux d'intérêt, les chiffres du logement, etc. Il existe de nombreux traders dont une grande partie de la stratégie est basée sur le trading, comme nous l'appelons dans le métier, "sur les chiffres". Il y a beaucoup de traders dont une grande partie de la stratégie est basée sur le trading, comme nous l'appelons dans le métier, "sur les chiffres". C'est le trading au milieu des nouvelles du marché et c'est aussi le moment où vous pouvez vous retrouver dans une situation de compression de la liquidité. Dans un exemple concret de besoin de liquidité sur les chiffres, disons que la décision sur les taux de la Banque d'Angleterre est annoncée, que vous tentez une transaction, et que lorsque vous essayez d'acheter ou de vendre, votre courtier continue de requalifier les prix ou peut-être même qu'il ne vous permet pas d'exécuter. Si vous êtes régulièrement confronté à ce genre de situation, vous devriez envisager de négocier ailleurs, car vous devriez être en mesure d'effectuer des transactions même en dehors des bulletins d'information.

Enfin, vous devez absolument parler à vos amis, si vous avez un ami qui est un trader actif, renseignez-vous sur ses expériences avec son courtier. En effet, il s'agit généralement d'une bonne source d'information sur la façon dont ils (les courtiers) se comportent lorsque vous devez négocier. Vous voudrez également connaître la procédure à suivre pour transférer de l'argent sur le compte ou à partir du compte. Quelle a été l'expérience de vos amis ? L'opération s'est-elle déroulée sans problème ou y a-t-il eu beaucoup d'administration et de nombreux courriels à envoyer pour y parvenir ?

Pour passer en revue les éléments dont vous avez besoin pour choisir un bon partenaire commercial, une plateforme fiable, une bonne liquidité sur les rapports de marché et les commentaires de vos amis.

CONCLUSION

Merci d'être arrivé jusqu'à la fin de l'Analyse Technique pour le Forex Expliquée. Nous espérons qu'il vous a été utile et qu'il vous a fourni la première série d'outils dont vous avez besoin pour atteindre vos objectifs de trading en utilisant l'analyse technique sur le forex et gagner de l'argent grâce à elle.

L'étape suivante consiste à tester vos compétences en matière de trading et à augmenter votre capital-risque afin de pouvoir effectuer des transactions supplémentaires. Cela vous donnera la motivation dont vous avez besoin pour réussir.

J'ai plusieurs autres livres sur différents aspects du trading et des classes d'actifs, n'hésitez pas à les consulter !

PROFIL DE L'AUTEUR

Wayne Walker est le directeur d'une société de formation et de conseil sur les marchés financiers mondiaux (gcmsonline.info). Il a plusieurs années d'expérience dans la direction et l'encadrement d'équipes de conseillers en placement et a géré les équipes les plus performantes du groupe des clients privés sur la base des Bench Mark Earnings (BME).

www.ingramcontent.com/pod-product-compliance
Lightning Source LLC
Chambersburg PA
CBHW070848220526
45466CB00005B/1930